# LA RÉVOLUTION EN CHINE

## LES ORIGINES

PAR

## HENRI CORDIER

Professeur à l'École des Langues Orientales vivantes
Vice-Président de la Société de Géographie, Paris.

高

Extrait du «T'oung-pao», Série II, Vol. I, No. 5.

LIBRAIRIE ET IMPRIMERIE
CI-DEVANT
E. J. BRILL
LEIDE — 1900.

# LA RÉVOLUTION EN CHINE

## LES ORIGINES

PAR

HENRI CORDIER

Professeur à l'École des Langues Orientales vivantes
Vice-Président de la Société de Géographie, Paris.

高

*Extrait du «T'oung-pao», Série II, Vol. I, No. 5.*

LIBRAIRIE ET IMPRIMERIE
CI-DEVANT
E. J. BRILL.
LEIDE — 1900.

CENT EXEMPLAIRES SUR PAPIER VAN GELDER.

# LA RÉVOLUTION EN CHINE.

## LES ORIGINES [1]).

PAR

## HENRI CORDIER.

—◦◦◦◁▭◁◦◦◦—

### I.

Quand on parle des Chinois, il faut bien se pénétrer de l'idée que tous, sauf les négociants qui trouvent leur bénéfice dans leurs relations avec les Européens, tous voient avec méfiance l'étranger, s'ils ne l'exècrent cordialement. Le lettré pousse la haine plus loin que d'autres, parce qu'il sait que l'introduction de la civilisation occidentale dans l'empire du Milieu ferait crouler le système de gouvernement sur lequel il étaye sa fortune. Ceux-là mêmes qui sont venus chercher leur instruction dans nos facultés de droit et dans nos arsenaux, — je pourrais faire des personnalités — sont souvent nos adversaires les plus acharnés. Les deux hommes incontestablement les plus éclairés de la Chine actuelle, Li Hong-tchang [2]), vice-roi des deux Kouang, et Tchang Tché-tong [3]), vice-

---

1) Ces notes avaient paru en partie dans *le Temps* du 12 Juillet 1900.

2) 李鴻章 Li Hong-tchang est trop connu pour que j'en parle à nouveau; je rappelerai seulement qu'il est né en 1823 à Ho-Fei, dans le Ngan-Houei; il est depuis longtemps célèbre par la part qu'il a prise à la guerre des Taï-Ping comme foutaï du Kiang-Sou (1862) et ses relations avec Gordon; il a été gouverneur-général du Hou-Kouang (Deux-Hou) (septembre 1870), puis du Tche-Li à la place de Tseng Kouo-Fan

roi des deux Hou, trop intelligents pour entrer en lutte ouverte,
n'en partagent pas moins les sentiments de leurs compatriotes. Dans
un rapport confidentiel de la Compagnie de navigation à vapeur
des marchands chinois, créée sur l'ordre du premier, Tong Kiug-
sing (1875), son directeur, ne cache pas que cette entreprise a été
lancée dans le but, non-seulement de faire concurrence aux tenta-
tives étrangères, mais encore de les ruiner, si possible. Chaque fois
qu'on s'est laissé séduire par les paroles insidieuses des Chinois, de
terribles catastrophes sont venues en démontrer la fausseté. Aux
discours fleuris d'Anson Burlingame, ambassadeur de la cour de
Peking à Boston, puis dans les capitales de l'Europe, la Chine ré-
pondait par le massacre de Tien Tsin.

Cependant beaucoup de Chinois, tout en n'aimant pas les étrangers, les redoutaient. La guerre d'Opium sous Tao Kouang, la
guerre franco-anglaise sous Hien Foung, la dernière lutte contre
le Japon, leur montraient clairement que le Céleste Empire devait
changer ses errements sous peine de succomber devant une ingérence

---

après le massacre de Tien-Tsin (1870), ensuite du Se-Tchouen (1876); grand secrétaire en
1875; il a été envoyé au Japon pour traiter de la paix après la guerre sino-japonaise;
son voyage en Europe est encore trop récent pour qu'il soit utile d'en parler. Dernièrement gouverneur général des deux Kouang, il a été nommé Tsong-Tou du Tche-Li. Il est
en ce moment à Chang-Haï en route pour le Nord, où il est chargé de traiter avec les
puissances.

3) 張之洞 Tchang Tché-tong est né en 1835 ou 1837 à Nan-p'i dans le
Tche-Li. Sa grande fortune politique date du rapport violent qu'il adressa au Trône en
1880 en qualité de censeur, dénonçant le traité signé en 1879 à Livadia par Tchong-
Heou par lequel la Chine cédait à la Russie la plus grande partie du Tien-Chan Pe-Lou
y compris la passe de Mouzarte. Tchang a été gouverneur du Chan-Si (janvier 1882),
gouverneur-général des deux Kouang (août 1884) puis des deux Hou (8 août 1889). C'est
un homme fort intelligent qui a donné une grande impulsion aux travaux d'ingénieur
entrepris dans le centre de la Chine; il a installé à Han-Yang, en face de Han Keou, au
confluent de la rivière Han et du Kiang, de vastes établissements de construction de ma-
chines, des ateliers de métallurgie, etc. Il est en même temps un lettré distingué et il a
publié en 1898 un traité *K'ien-Hio Pien* (Exhortations à l'Etude) 篇 學 勸 plein d'idées
personnelles. C'est le personnage le plus remarquable de la Chine actuelle après Li
Hong-tchang.

tantôt pacifique, tantôt guerrière du dehors. L'impératrice douairière, avec le concours du prince Kong [4]) et de Li Hong-tchang, avait pendant les minorités des empereurs Toung Tchi et Kouang Siu, retardé le danger; le règne de Toung Tchi († 18 janvier 1875) dura trop peu de temps pour amener de grands changements. Il en est tout autrement depuis la majorité de Kouang Siu.

Des Chinois réformateurs, comme le docteur Soun Yat-sen et Kang Yeou-wei [5]), prêchèrent les idées nouvelles, de simplifier les rouages du gouvernement, de demander plus d'honnêteté aux fonctionnaires, d'en assurer le recrutement par des examens dont les sujets ne fussent pas entièrement tirés des Livres Classiques, de prendre aux barbares d'Occident ce que leurs sciences et leurs arts pouvaient présenter d'utile à l'empire, etc. Soun Yat-sen, qui s'était rendu à Londres, fut saisi en plein jour dans Portland Place, par les gens de la légation de Chine et claquemuré en attendant qu'on pût le transporter secrètement en Extrême-Orient, où le sort qui lui était réservé n'était douteux pour personne, encore moins pour le prisonnier lui-même. Sous la pression de l'opinion publique, le gouvernement anglais fut obligé d'intervenir, la légation de Chine, forcée, rendit son prisonnier qui gagna Hong-Kong, colonie britannique, d'où il exerce son influence sur les sociétés secrètes.

Kang Yeou-wei, originaire de Canton, réussit à s'assurer le concours de fonctionnaires partageant ses vues qu'il parvint à faire prévaloir auprès de l'empereur: il ouvrit les yeux de celui-ci sur le péril que faisait courir à sa dynastie la politique suivie jusqu'alors par l'impératrice douairière ou par lui-même sous l'influence de cette dernière.

Sans doute, les nombreuses émeutes et les mouvements révolu-

---

4) Yi Sin 奕訢 Prince Kong 恭 6e fils de Tao Kouang 道光.

5) 康有爲.

tionnaires des dernières années étaient causés soit par la haine de
l'étranger, soit par le désir d'expulser la dynastie mandchoue, soit
par les deux motifs à la fois. Les troubles fomentés dans les provinces méridionales par le chef des Triades, le docteur Soun Yat-sen,
malgré la protection accordée à ce dernier par les Anglais, avaient
leur origine dans un sentiment national, mais non réformateur dans
le sens occidental du mot.

Kang Yeou-wei et ses amis, sans aucun doute sympathiques à
l'Angleterre, probablement vus d'un œil peu bienveillant par la
Russie, s'apercevaient bien du danger que couraient tout à la fois
la dynastie et le pays en suivant des errements qui les laissaient
dans un état de faiblesse et d'infériorité, mettant la première à la
merci d'un hardi aventurier poussé par le flot populaire, le second
au pouvoir des puissances étrangères. La guerre avec le Japon était
une dure leçon, mais qui pouvait être fructueuse si l'on savait en
profiter. A ces idées de réforme, Kang Yeou-wei ajoutait une haine
féroce contre l'impératrice douairière et son favori Jong Lou, qu'il
savait hostile aux nouveautés et il marque bien ses sentiments à leur
égard dans l'ouvrage qu'il fit paraître peu de temps après sa disgrâce:

«Mais Chine n'est pas réellement le nom par lequel nous sommes appelés. L'empereur jaune seul était notre grand ancêtre, et
nous sommes ses descendants — une race compacte. Nous sommes
vraiment sa race intelligente et glorieuse. La race jaune tout entière
a les mêmes caractères. Maintenant l'empereur est le fils des fils
d'un ancêtre; ainsi sont nos mandarins; ainsi sont nos administra-
teurs, l'impératrice et Jong Lou. Mais l'impératrice douairière et
Jong Lou ne sont pas nos souverains. Ils sont seulement la con-
cubine et l'esclave d'un empereur précédent, qui ont emprisonné le
jeune empereur, qu'ils ont dépouillé. Ils ont vendu non-seulement
les possessions qui sont l'héritage de nos ancêtres, ils voudront aussi
vendre tout notre peuple. Ils préparent journellement cet acte à

faire signer par les étrangers. Le Tsong-li Yamen [6]) n'est qu'un office où ces transactions d'affaires sont arrangées et conclues. L'impéra-

---

6) Le *Tsoung-li Yamen*, ou mieux le *Tsong-li Ko Kouo Che Wou Yamen*, 總理 各國事務衙門, bureau des Affaires étrangères est une création relativement récente que la guerre de 1860 avec la France et l'Angleterre a rendue nécessaire. Jadis, les relations avec les étrangers étaient réglées par les vice-rois des provinces par lesquelles ils entraient dans l'Empire et comme pendant longtemps, les étrangers, sauf les Russes, ne débarquaient qu'à Canton, c'était le vice-roi des deux Kouang, résidant dans cette ville, qui débattait avec eux toutes les questions. Ce haut fonctionnaire avait également dans ses attributions les affaires d'Annam, pays limitrophe de son gouvernement. Au contraire, les affaires des Russes qui pénétraient par le Nord, étaient réglées par le *Li-Fan-Youen* 理藩院, chargé du contrôle des tribus mongoles et des affaires du Tibet. Ce bureau ne comprenait qu'un président et deux vice-présidents. Lorsque tout récemment deux censeurs conseillaient de rattacher à nouveau les affaires étrangères à ce bureau, c'était placer les nations occidentales dans la situation d'états tributaires. Après la signature des conventions de Peking (octobre 1860), un Conseil spécial, présidé par le prince de Houei, adressa au Trône un rapport à la suite duquel le Tsong-li Yamen fut créé par décret du 19 janvier 1861. Les fonctionnaires de ce nouveau ministère étaient pris dans les différentes branches de l'administration et leur nombre a varié suivant les époques.

A l'origine, il fut composé du prince Kong, frère de l'empereur Hien-Foung, de Kouei-Liang, l'un des grands secrétaires et de Wen-Siang, 文祥 l'un des vice-présidents du ministère de la guerre. L'année suivante, quatre nouveaux membres furent désignés et en 1869, ils atteignaient le chiffre de dix. La mort de Wen-Siang (mai 1876) d'une part, et l'admission de deux membres du Grand Conseil (décembre 1877) a porté le nombre des membres de ce ministère à onze. Il est depuis redescendu à neuf. Le prince Kong fut le premier président du Tsong-li Yamen; il a été remplacé en avril 1884 par le prince K'ing. Ce dernier (Yi-k'ouang 奕劻, Prince K'ing 慶親王 du premier rang depuis 1894, descend de l'empereur K'ien-long; il est le prince C'hing des Anglais), qui a été également directeur général du bureau de l'Amirauté (1891) est un homme énergique qui était en mauvais termes avec l'impératrice douairière. Il commandait les 50.000 hommes de troupes de la plaine de Peking. Outre les membres titulaires qui étaient au nombre de dix dans les derniers temps (prince K'ing, contrôleur général du bureau des Finances et de la Guerre; Jong-lou 榮祿, mandchou, ancien général tartare à Si-ngan, Déc. 1891, contrôleur-général du bureau des Finances et de la Guerre; Wang Wen-chao 王文韶 ancien vice-roi du Tche-li; relevé de ses fonctions le 15 juin 1898 et remplacé par Jong-lou, puis nommé huit jours après (23 juin) par Kouang Siu, membre du Tsong-li Yamen et chargé avec Tchang Yn-houan 張蔭桓 de l'administration du poste central des mines et chemins de fer (3 août 1898); l'impératrice douairière le nomma avec Tchao Chou-k'iao (vice-président du ministère des travaux), directeur du bureau général des chemins de fer et des mines. Le 27 déc. 1899, Wang a été nommé assistant Grand Secrétaire et Président du bureau des Finances.

Voici les étapes de sa carrière officielle: originaire du Tché-Kiang; gradué à Péking, 1852;

trice et Jong Lou se parjurent eux-mêmes et sont les principaux
agents de cette affaire. Ainsi nos 400,000,000 de frères, de nos os
et de notre chair, nos empereurs morts divinement, doués intellec-
tuellement avec tout ce qu'ils nous ont laissé, comme palais, villes,
cités, et villages, terres et douanes, ainsi que nos bagages et nos
marchandises, sont pour passer dans les mains des autres» [7]).

Kouang Siu, 光緒, qui paraît avoir été animé de nobles sentiments, mais a été mal dirigé par des conseillers pressés de mettre

<hr>

secrétaire de seconde classe du ministère des finances, 1857; tao-taï, au Hou-Pé, octobre
1864; tao-taï de Han-Kéou, 1866; commissaire des finances au Hou-Nan, juin 1869; gouverneur du Hou-Nan, juin 1872; appelé à Peking, 1878; vice-président du ministère de la
guerre, mars 1878; ministre au Tsong-li-Yamen, août 1878; ministre au grand conseil, janvier 1879; en retraite près de sa mère, décembre 1882; gouverneur du Hou-
Nan, avril 1888; gouverneur-général du Yun-Nan et du Kouei-Tchéou, 20 juin 1889
et président du bureau des Finances; Liao Cheou-heng, 廖壽恒, du Kiang-sou, président du bureau des Rites; Tch'ong Li, 崇禮, membre du Tsong-li Yamen depuis le
15 déc. 1891, président du bureau de la Justice; Tchao Chou-k'iao, 趙舒翹,
du Chen-si, ancien tao-taï à Wen-tcheou (Janv. 1892), président du bureau de la Justice (Peines);
Tchao, qui était président du ministère des Peines, a été nommé gouverneur de Peking,
27 déc. 1899, à la place de Suen Kia-naï, démissionnaire. S'iu Yong-i 徐用儀,
du Tche Kiang, président du bureau de la Guerre; S'iu King-tcheng 許景澄, du Tche
Kiang, exécuté plus tard à l'instigation de Li Ping-heng; il avait passé ses examens dans
la capitale en 1868; en avril 1884, il avait été nommé ministre pour l'Allemagne, la
France, l'Autriche, l'Italie et la Hollande; le 9 septembre 1890, il avait été nommé ministre pour la Russie, l'Allemagne, l'Autriche et la Hollande; premier vice-président du
bureau des Affaires civiles 23 déc. 1899; Lien-Yuen, directeur de la Cour des Banquets;
Yuen-Tch'ang 表旭, est moins connu que son collègue Siu King-tcheng, exécuté en
même temps que lui le 27 juillet. C'est un Chinois des Bannières (Han-kiun); il était, en
1897, tao-taï de Wou-Hou, dans le Ngan-Houei; le 21 juillet 1899, il a été nommé président de la cour des cérémonies des sacrifices (T'ai Tch'ang sse 太常寺), l'une des
quatre cours de second ordre.) Le Tsong-Li Yamen comprend quatre secrétaires principaux,
deux secrétaires adjoints et une trentaine de clercs, chargés suivant leurs connaissances des
affaires des divers pays étrangers. C'est en se rendant au Tsong-Li Yamen, on se le rap-
pellera, que le baron Von Ketteler fut assassiné. Dans une entrevue récente avec le comte
Cassini, ancien ministre de Russie à Peking, le correspondant parisien de la *Rossia* dit
qu'à l'époque du séjour de ce diplomate dans la capitale de la Chine, le prestige de la
Russie était si grand qu'il n'avait pas à se rendre au Tsong-Li Yamen, dont les membres
venaient au contraire le trouver à sa légation.

   7) *North-China Herald*, 25 avril 1900.

la cognée dans un chêne vermoulu dont la chute trop rapide ne pouvait entraîner en même temps que des désastres, allait voir échouer ses efforts, grâce à l'activité, à l'énergie et à l'ambition de l'impératrice.

## II.

Il nous est facile de refaire l'histoire de cette tentative de réforme mort-née, grâce à la traduction du chinois des décrets impériaux de 1898 par le P. Jérôme Tobar S. J., publiée à Chang Haï récemment par M. J.-Em. Lemière, rédacteur en chef de l'*Echo de Chine.*

C'est le 10 juin 1898 (vingt-deuxième jour de la quatrième lune) que paraît un premier décret, suivi de beaucoup d'autres, que nous allons examiner, jusqu'au 20 septembre suivant, époque de la réaction.

Le 11 juin, les idées de réforme reçoivent l'approbation officielle de l'empereur par le décret suivant:

«A présent que tous les royaumes du monde sont en communication mutuelle, l'acquisition des hommes de talent à qui l'on puisse confier des charges est une des affaires les plus urgentes. Nous ordonnons donc aux vice-rois et aux gouverneurs des provinces de proposer immédiatement au Tsong-li Yamen les sujets qu'ils auraient reconnus, en temps ordinaire, doués de science et de droiture, entendus aux affaires actuelles et exempts des défauts vulgaires et de le faire sans considérer le rang élevé ou inférieur que ces officiers occupent. Les candidats proposés seront examinés; ceux qui auront été reconnus capables seront conduits par groupes à Notre audience et attendront que Nous leur donnions un emploi.»

Trois jours après (14 juin 1898), un nouveau décret impérial nous fait connaître les noms des chefs du parti de la réforme et, à leur tête, Kang Yeou-wei.

«Siu Tche-tsing, 徐致靖 lecteur assistant à l'Académie, Nous a fait un mémoire pour Nous proposer des hommes de talent et entendus aux affaires actuelles. Nous ordonnons que Kang Yeou-wei, secrétaire-adjoint au ministère des travaux, et Tch'ang Youen-tsi 張元濟 tenant même emploi au ministère de la guerre, se préparent à être présentés à Notre audience le 28e jour de cette lune. Quant à Houang Tsuen-hien, 黃遵憲 intendant du sel au district de Tch'ang-pao, dans le Hou-nan et Tan Se-t'ong, 譚嗣同 préfet en expectative d'emploi dans le Kiang-sou, que par leurs vice-rois ou gouverneurs respectifs, ils soient conduits au ministère que l'affaire concerne, lequel les présentera à Notre audience. Enfin que le licencié Liang Ki-tchao 梁起超 soit examiné par le Tsong-li Yamen, qui, après examen, nous en donnera connaissance.»

Avec une activité fébrile, l'empereur (ou plutôt ses conseillers) lance décret sur décret; il ne se passe presque pas un jour sans décret pendant les mois de juin et de juillet; les tièdes et les réactionnaires sont soumis à des enquêtes et frappés d'avertissement, tel le président du tribunal des Rites, Siu Yng-k'ouei 許應騤 dénoncé par les censeurs Song Pé-lou 朱伯魯 et Yang Chen-sieou 楊琛秀; tour à tour le commerce, l'agriculture, sont l'objet de l'attention impériale: le censeur T'seng Soug-yen 曾朱彥 demande (20 juin 1898) l'établissement d'une école de minéralogie au nord et au midi de la Chine; Suen Kia-nai 孫家鼐, président du ministère des charges réclame, 9 septembre, la création d'une école de médecine qui dépendra de l'université de Peking.

C'est ce même Suen Kia-nai qui est nommé (8 juillet) recteur de cette université fondée à l'exemple des universités occidentales; la bibliothèque publique et le bureau de traduction de livres, nouveau rouage administratif, sont rattachés à l'université; Ting Wei-liaug 丁韙艮 (9 août 1898) est nommé préfet général des sciences européennes à l'université. On touche à l'arche sacro-sainte des examens militaires, et, chose plus grave en Chine, littéraires; le *wen tchang*, 文章 matière principale de l'examen, est supprimé; (28 juin). «C'est, dit le P. Etienne Zi, dans *Examens littéraires*,

p. 7, note 1, un genre de composition oratoire qui n'a son équiva-
lent exact dans aucune des littératures européennes»; c'est une
amplification littéraire sur les Quatre Livres Classiques qui avait
d'ailleurs été supprimée, en 1664, par l'empereur K'ang Hi qui la
remplaça par une espèce de dissertation, qui devint l'unique matière
du concours. Réforme des règlements en usage aux ministères, sup-
pression d'emplois inutiles.

Les chemins de fer ne sont pas oubliés: ordre est donné à
Cheng H'iuen-houei 盛宣懷 d'activer les travaux du chemin de
fer de Peking à Han-Kéou (26 juin 1898); création à Peking d'un
bureau central de mines et de chemins de fer que les grands officiers du Tsong-li Yamen, Wang Wen-chao et Tchang Yu-houan
sont chargés d'administrer (3 août 1898). Décrets relatifs à la protection de la religion chrétienne (12 juillet 1898) et aux relations
avec les étrangers (18 septembre 1898):

«Il y a quelque temps, Nous avons ordonné au Tsong-li Yamen
de réunir en volume les traités et règlements sur le commerce avec
les étrangers (T'ong-chang-tchang-tcheng 通商章程) et de distribuer le volume à tous les tribunaux de l'empire, afin de faciliter
l'observance des règlements fixés».

Sur un mémoire du censeur Song Pé-lou (17 juillet) et un
rapport de Suen Kia-nai, la revue Che-ou Pao 時務報, fondée
à Chang Haï, est transformée en journal officiel dont Kang Yeou-wei
est nommé directeur responsable.

Les rues mêmes de Peking sont l'objet d'une haute sollicitude
(5 septembre 1898):

«La capitale de l'empire est aussi le lieu où doivent commencer
les bonnes entreprises. Or, actuellement, ses rues sont boueuses et
sales; de plus, les canaux sont obstrués et leurs communications
sont interceptées. Il est donc de toute nécessité de réparer les rues
et d'ouvrir les canaux; en outre de l'utilité, l'aspect général sera

grandement amélioré. Nous ordonnons donc au ministère des travaux, avec le concours du bureau de la gendarmerie, du corps des censeurs pour les cinq enceintes de la capitale, et du corps des commissaires des rues, de prendre ensemble des mesures pour curer tous les égouts qui existent tant à l'intérieur qu'à l'extérieur des murs, en sorte qu'ils communiquent entre eux, ainsi que pour aplanir et réparer toutes les rues et ruelles. Qu'on ne se permette pas de considérer cette opération comme une chose de peu d'importance, et de la faire négligemment...»

Ceux d'entre nous qui ont connu tour à tour la poussière, la pluie et la boue de la capitale du Céleste-Empire auraient béni Kouang Siu si ses ordres avaient été exécutés!

Malheureusement, nous touchons à la fin de cette période de réformes, hâtives il est vrai, mais dues à de méritoires intentions, que nous pouvons désigner sous le nom déjà historique: les *Cent Jours* (10 juin-20 septembre 1898).

Toutefois l'empereur va trop vite en besogne; non seulement il veut des réformes, mais encore il veut châtier ceux qui s'y opposent; nous l'avons vu déjà sévir contre d'importants fonctionnaires, mais il désire frapper plus haut encore. M. Pritchard Morgan, membre du Parlement anglais, qui a récemment voyagé en Chine, raconte que la cause principale du coup d'Etat a été la promulgation de deux édits par l'empereur: le premier était relatif à l'exécution de Jong Lou, actuellement généralissime des forces chinoises. Depuis le 28 juin 1898, Jong Lou avait remplacé par intérim Wang Wen-chao, nommé membre du Tsong-li-Yamen, comme vice-roi du Tche-li et surintendant général du commerce du Nord. L'ordre d'exécution avait été confié, dit M. Morgan, au général Yuan; je pense que ce dernier n'est autre que Yuen Ché-kai, 袁世凱 grand juge au Tche-li qui, après le coup d'Etat, fut nommé vice-président d'un ministère en expectative d'emploi et chargé de la formation des troupes (15 septembre 1898) et reçut à titre de récompense 4,000 onces d'argent (29 septembre 1898) et, plus tard par décret (6 janvier 1899), cette insigne marque de faveur impériale:

«Nous accordons à Song K'ing, 松慶 général de division du Se-tchouen, et à Yuen Ché-kai, vice-président en expectative d'emploi, la faveur de pénétrer à cheval à l'intérieur du palais Si-yuen-men 西苑門 et de se servir soit d'une barque, soit d'un traîneau». (Dans le lac qui entoure l'île Yong-t'aï, où se trouve la résidence actuelle de l'empereur).

Yuen, fort peu soucieux de remplir sa tâche, alla trouver Jong Lou: «Mes lèvres, dit-il en tendant l'arrêt de mort, ne me permettent pas de prononcer de paroles. Avec calme, Jong Lou lut le document, le rendit à Yuen et lui répondit: «Il est de votre devoir d'exécuter les ordres de votre empereur.» Yuen insinua que Jong Lou avait peut-être quelques affaires privées à régler avant d'être décapité et dit en se retirant qu'il reviendrait le surlendemain. A bon entendeur, salut! Jong Lou n'attendit pas naturellement la seconde visite de son bourreau désigné; immédiatement, il prenait le train pour Peking, prévenait l'impératrice du sort qui lui était réservé à lui Jong Lou et du danger que faisait courir à elle, impératrice, un second édit qui l'éloignait de Peking et l'exilait dans un de ses palais d'été. Sans perdre de temps, l'impératrice faisait séquestrer Kouang Siu à Yong-t'aï, petite île du parc impérial, dont on coupait les ponts et elle s'emparait du gouvernement; le décret du 20 septembre 1898 marquait la déchéance de Kouang Siu. En voici la teneur:

«En ce moment le gouvernement de l'empire est plein de difficultés et toutes sortes d'affaires demandent à être mises en ordre. Nuit et jour, Nous Nous sommes donné beaucoup de mal et de peine pour traiter les innombrables affaires qui se présentaient continuellement. Cependant, après avoir épuisé Nos efforts dans l'exercice de Notre charge, Nous craignons continuellement qu'une multitude d'affaires ne soient négligées. En repassant dans Notre esprit ce qui est arrivé depuis le règne de Tong Tchi (1874-1875) jusqu'à présent, Nous n'oublions pas que l'impératrice, Notre mère adoptive a, à deux reprises, administré l'empire comme régente. Pendant les années de son gouvernement, les moyens employés par Elle pour porter un secours efficace aux pressantes difficultés par où l'empire a passé, ont tous été excellents et pratiques. Nous rappelant la grande importance de la charge qui Nous a été laissée par Nos ancêtres, Nous avons plusieurs fois prié instamment (Notre mère adoptive) de vouloir bien Nous favoriser de ses conseils dans le gouvernement et Nous avons appris respectueusement qu'Elle accédait à Notre demande, ce qui fera le bonheur de Nos officiers et de Notre peuple. A partir d'aujourd'hui, les affaires de l'administration seront traitées dans la salle Pien-tien-tien 便 殿. De plus, le huitième jour de cette présente lune, Nous, à la tête des princes impériaux et des grands officiers, dans les palais Kiu-tcheug-tien 勤 政 殿, Nous présenterons Nos devoirs à l'impératrice régente, Notre mère adoptive. Que les divers ministres et les cours que l'affaire concerne préparent respectueusement et soigneusement d'avance les rites, qui, à cette occasion, devront être accomplis».

Le jour suivant, le 21 septembre, le censeur Song Pé-lou est déposé, la surveillance des portes du palais impérial est augmentée; de nombreux décrets, y compris celui qui crée un journal officiel (26 septembre), sont annulés; le Wen-tchang est rétabli (9 octobre), enfin, les réformateurs sont mis en jugement par un décret du 26 septembre: «Le ministère des peines Nous a présenté un mémoire où il Nous prie, à cause de l'excessive gravité d'une affaire criminelle, de déléguer les grands officiers, membres du grand conseil, pour l'examiner ensemble. Nous ordonnons donc aux grands officiers, membres du grand conseil, de se joindre aux membres du ministère des peines et à ceux de la censure pour examiner rigoureusement le cas des officiers coupables Siu Tche-tsing, Yaug Chen-sieou, Yang Jouei 楊銳, Lin Hiu 林旭, âgé de 22 ans, Tan Se-tong, Lieou Kouang-ti 劉光第 et Kang Kouang-jen 康廣仁, frère cadet de Kang Yeou-wei. Quant à Tchang Yu-houan, quoique des officiers Nous aient présenté des mémoires pour nous dire que les apparences de sa mauvaise conduite sont déjà bien manifestes, cependant il n'a pas pris part à la conspiration tramée par Kang Yeou-wei. Nous ordonnons qu'il soit gardé à vue temporairement en attendant que Nous donnions un décret statuant sur son sort. Le cas de Kang Yeou-wei, qui a tramé la conspiration en vue de ses intérêts personnels, est excessivement grave. Nous avons déjà précédemment chargé le ministère des peines d'examiner Siu Tche-tsing et les autres adhérents à la conspiration; mais la Cour, voulant se montrer libérale et indulgente envers des officiers et des gens du peuple qui ont été trompés par les principaux conspirateurs, n'a pas permis qu'on fît des recherches sévères à leur égard, ni qu'on les impliquât dans le châtiment avec les principaux coupables. Elle veut ainsi montrer par là les excellents désirs qu'elle a de ne se servir des peines qu'avec grande circonspection ».

Le 29 septembre, les malheureux étaient condamnés, mais Kang Yeou-wei était en fuite et il était ordonné «à tous les vice-rois et à tous les gouverneurs des provinces de faire secrètement des recherches sévères pour le prendre et le juger d'après la rigueur des lois».

### III.

Le *Sin-ouen Pao* 新聞報, publié à Chang Hai, raconte que les réformateurs avaient été traduits devant un tribunal composé des présidents et vice-présidents du grand conseil du ministère de la justice et de la cour des censeurs. Siu Tche-tsong, second vice-président du tribunal des rites, le censeur Yang Chen-sieou, Yang Joueï, rédacteur à l'académie Han-lin, Tan Se-tong, fils du gouverneur du Hou-Pé, Lin Hiu et Lieou Kouang-ti, secrétaires de première classe au grand conseil et Kang Kouang-jen, licencié, frère cadet de Kang Yeou-wei, furent jugés, sauf le premier, comme traîtres, indignes de pardon. Le 28 septembre, les accusés étaient devant le tribunal, il était presque nuit, lorsque l'ordre arriva de les décapiter sur-le-champ. Les condamnés moururent bravement, et à l'exception de Kang Kouang-jen, dont personne, par crainte de châtiment, n'osa ensevelir le cadavre, les cinq autres corps et les têtes furent recueillis par les familles des victimes et placés dans des cercueils. Ceci se passait dans la partie du palais impérial qui se trouve au bout de la rue des Légations. Les diplomates étrangers étaient dans l'ignorance la plus profonde de la tragédie qui se passait à deux pas de leurs demeures.

Siu Tche-tsong n'était coupable que d'avoir recommandé Kang Yeou-wei, camarade de classe de son fils, chancelier littéraire du Hou-nan, sur la demande de ce dernier; aussi eût-il la vie sauve, mais il fut condamné à la prison perpétuelle.

Un télégramme fut lancé pour arrêter Kang Yeou-wei à Tché-fou, où l'on pensait qu'il s'arrêterait, ce qui eut lieu en effet; heureusement pour celui-ci, lors de son débarquement le tao-taï était absent à Kiao-tchéou. Jong Lou lança le contre-torpilleur *Fei-ying* de Weï-Haï Wei à la poursuite du *Chung-King* qui portrait Kang à Chang Haï. Le fugitif échappa une fois encore à ses bourreaux et il arriva enfin sain et sauf à Hong-Kong le 30 septembre 1898 sur le vapeur de la Péninsulaire *Ballaarat*, escorté, pour éviter toute attaque, du croiseur *Bonaventure*. Depuis, Kang Yeou-wei a passé par le Tong-King et a enfin trouvé asile à Singapour, d'où les agents secrets chinois ont essayé à plusieurs reprises de le faire sortir. Il était parti de Singapour pour Londres le 23 fév. 1900, mais il se ravisa, et le même jour il rentrait dans la première ville dans le bateau du pilote. Depuis un édit impérial a ordonné à Li Hong-tchang de détruire les tombeaux des ancêtres de Kang et a mis la tête du réformateur au prix de 100.000 taels.

On raconte que le jour même du coup d'Etat de l'impératrice (22 septembre), quatorze eunuques dévoués à l'empereur furent exécutés dans la cour du Grand-Eunuque, Li Lien-yin, qui fut d'ailleurs empoisonné quelque temps après. Jong Lou lui était hostile.

En dehors de Kang Yeou-wei, Liang Ki-tchao, rédacteur en chef du *Chinese Progress*, et Wang Tchao 王照, secrétaire du ministère des Rites, avaient également réussi à prendre la fuite.

Des perquisitions avaient été faites dans la maison de Kang Yeou-wei à Canton, pour y trouver des preuves de sa rébellion:

«T'an Tchong-lin 譚鍾麟, vice-roi des deux Kouang [8]), Nous

---

8) Il y a en Chine huit vice-rois ou gouverneurs-généraux (*tsong-tou*), qui sont actuellement: 1° Le *Tche-Li tsong-tou*, qui administre le Tche-Li; Wang Wen-chao, qui était vice-roi, fut nommé membre du Tsong-li Yamen (23 juin 1898) et remplacé par intérim par Jong Lou, le généralissime; ce dernier, placé au Grand Conseil, Yü Lou 裕祿 Mandchou, ancien maréchal tartare de Fou-Tchéou, gouverneur du Ngan-Houei (octobre 1874), gouverneur général du Hou-Kouang (avril 1885) puis du Se-Tchouen, à la place de Lieou Ping-tchang 劉秉璋, fut nommé vice-roi du Tche-Li (28—29 septembre 1898). Il s'est suicidé, paraît-il, après la bataille de Peï-Tsang; peu de temps auparavant, l'impératrice lui donna Li Hong-tchang comme successeur, qui n'avait pas rejoint son nouveau poste; un télégramme annonçait qu'elle aurait fait choix maintenant de Tchao Chou-k'iao, du Chen-Si, ancien tao-taï de Wen-Tchéou (janvier 1902), premier vice-président du ministère des travaux, ennemi acharné des étrangers, dont les généraux alliés réclament l'exécution. 2° Le *Liang* (deux) *Kiang tsong-tou*, qui administre le Kiang-Sou, le Ngan-Houei et le Kiang-Si (les deux Kiang sont le Kiang-Si et le Kiang-Nan, dédoublé sous K'ien Long en Kiang-Sou et en Ngan-Houei): Lieou Kouen-i, voir infra. 3° Le *Min-Tche tsong-tou*, qui administre le Fou-Kien et le Tche-Kiang (le Min est la principale rivière du Fou-Kien): Siu Ying-k'ouei, 許應騤 originaire du Kouang-Toung, a été chancelier littéraire du Kan-Sou (1878), vice-président du ministère des finances (mars 1883), etc. M. Pichon, M. Conger, lui ont fait visite cette année. 4° Le *Liang-Hou tsong-tou*, qui administre le Hou-Pé et le Hou Nan (ancien Hou-Kouang): Tchang Tche-tong, voir supra. 5° Le *Liang-Kouang tsong-tou*, qui administre le Kouang-Toung et le Kouang-Si, sans titulaire, Li Hong-tchang ayant été nommé au Tche-Li; Li avait remplacé, l'année dernière, T'an Tchong-lin, originaire du Hou-Nan, ancien vice-roi de Fou-Tchéou (juin 1893), qui avait

a adressé un mémoire que Nous avons reçu hier, où il Nous dit
que, dans la maison de Kang Yeou-weï, il a trouvé plusieurs lettres
écrites par les conjurés; il les a fait lithographier et il Nous les
envoie pour que Nous puissions les examiner. On peut constater

été déplacé de Canton, à la demande des Français. 6° Le *Yun-Kouei tsong-tou*, qui administre le Yun-Nan et le Kouei-Tcheou: Song fan, 嵩蕃 Mandchou, ancien gouverneur du Kouei-Tcheou (juillet 1891); lors de l'exode de M. François, il était absent; le
gouverneur par intérim était Ting. 7° Le *Chen-Kan tsong-tou*, qui administre le Chen-Si
et le Kan-Sou: Tao Mo, 陶模 originaire du Tche-Kiang, ancien juge au Tche-Li
(octobre 1885) et commissaire des finances au Chen-Si (mai 1888), 8° Le *Se-Tchouen
tsong-tou*, qui administre le Se-Tchouen: K'ouei-kioun 奎俊, Mandchou, ancien gouverneur du Chan-Si (novembre 1891) et du Kiang-Sou (mai 1892), a remplacé au Se-Tchouen
Yû Lou, qui a succédé à Lieou Ping-tchang, auquel on avait voulu donner Id Ping-heng comme
successeur. Yû Lou a été nommé depuis au Tche-Li.

Au-dessous des *tsong-tou* il y a quinze gouverneurs ou *fou-taï*; ceux du Chang-Toung,
du Chan-Si et du Ho-Nan ne relèvent toutefois d'aucun tsong-tou; le Se-Tchouen n'a pas
de fou-taï. Il est nécessaire de connaître quelques-uns de ces fonctionnaires: *Chan-Si*: Yu
H'ien, ennemi des étrangers, désigné par les généraux alliés pour être exécuté, est Mandchou;
il a remplacé Hou P'in-tchi, révoqué parce qu'il était trop dépensier; il était gouverneur
du Chan-Toung, où il avait remplacé, le 16 mars 1899, Tchang Jou-mei, du Ho-Nan,
qui avait été dénoncé par le lecteur des Han Lin, Tch'ên Ping-ho; Yu H'ien fut déplacé
à la demande des Allemands et remplacé au Chan-Toung par Yuen Che-k'aï, — *Chan-
Toung*: Yuen Che-k'aï; inutile de revenir sur ce personnage, dont nous avons déjà parlé.
— *Chen-Si*: Wei Kouang-tao, du Hou-Nan, ancien gouverneur du Turkestan. — *Hou-Nan*:
Yû Lien-san, du Tche-Kiang, a remplacé Tch'ên Pao-chen, du Fou-Kien. — *Kouei-Tcheou*:
Têng Houa-h'i, du Kouang-Toung, gouverneur du Ngan-Houeï, il avait été désigné pour
remplacer Hou Pin-tchi au Chan-Si, mais sa place fut donnée à Yu H'ien, sous le prétexte qu'étant Cantonais il devait être partisan des réformes; il remplaça, le 15 mars
1900, au Kouei-Tcheou, Wang Yû-tsao, du Hou-Pé, mort en mars cette année. — *Kiang-
Sou*: Lou Tch'ouan-lin, du Tche-Li, ancien gouverneur du Chen-Si, nommé le 11 juillet
1899. — *Tche-Kiang*: Lieou Chou-t'ang, du Yun-Nan. — *Ngan-Houeï*: Wang Tchi-k'ioun,
du Hou-Nan, ancien trésorier du Hou-Pé (janvier 1891), avait été nommé au Chan-Si, lorsqu'il fut transféré au Ngan-Houei à la place de Têng Houa-h'i, nommé au Chan-Si (3 novembre 1899), qui fut lui-même remplacé dans ce dernier poste qu'il n'a pas occupé par Yu
H'ien; Wang a été l'ambassadeur envoyé spécialement à Saint-Pétersbourg pour présenter à
l'empereur Nicolas II les condoléances de la Chine lors de la mort d'Alexandre III, à la
fin de 1894; il a pris une part active aux négociations qui ont amené la signature de la
convention Cassini; il est ami de la Russie, du prince K'ing et de Siu King-tcheng — *Ho-Nan*:
Yû Tch'ang, Mandchou, ancien trésorier du Tche-Li (10 août 1889), frère de Yû Lou —
*Kouang-Si*: Houang Houei-sên, du Kouang-Toung, ancien trésorier du Kouang-Si (mars 1892).
— *Kouang-Toung*: Tê cheou, ancien trésorier du Ngan-Houei (mai 1892), nommé à Canton
l 11 juillet 1899; il appartient aux Bannières chinoises (*Han kiun*, 漢軍).

que les propos de rébellion forment des chapitres et occupent des
lettres entières; on y honore même Tang Se-tong du titre de président, et l'on y affirme que la Cour impériale est dans un état
sans remède. Pour dater les lettres, on ne s'y sert jamais des années
du règne de Kouang Siu, mais on écrit en gros caractères « après
»Confucius, tel millième, tel dixième (et) telle année». Toutes et
chacune de ces absurdes et extravagantes circonstances montrent le
plus clairement possible que Kang Yeou-wei et ses correspondants
étaient tous des sujets séditieux et des fils rebelles. Dans la corres-
pondance en question, beaucoup de personnes sont impliquées; mais
pour Nous montrer généreux, Nous ne voulons pas que l'on fasse
des recherches sur les membres de la conspiration et Nous ordonnons
qu'on brûle toutes les lettres originales indiquées plus haut. Kang
Yeou-wei ayant le premier lancé des propos séditieux qui ont trompé
et séduit plusieurs, Nous n'avons pas pu Nous empêcher de publier
ses méfaits, en vue d'étouffer les germes de la rébellion» [9]).

Le grand tort des réformateurs a été de chercher à transformer
la Chine en un temps trop court, de toucher en même temps à tous
les rouages de l'administration, de frapper à la fois tous les
abus. La révolution de 1868 au Japon était une reprise du pouvoir
par le roi fainéant sur le maire du palais, par le souverain sur le
chef militaire, par le Mikado sur le Shogoun. Il y avait une féo-
dalité à écraser, non une tradition séculaire à bouleverser.

Un des hommes les plus intelligents de la Chine actuelle, Tchang
Tche-tong, vice-roi des deux Hou, dans son *Kien-hio P'ien* (Exhortations à l'Etude), ne voit pas le danger que fait courir à son pays
sa routine indéracinable; à plus forte raison, le lettré ordinaire qui
vit de cette routine, la défendra-t-il plus âprement encore:

«Dernièrement une revue anglaise se moquait des Chinois en
disant: «Ceux-ci ne veulent pas que la Chine devienne un empire

9) Tobar, p. 96.

2

puissaut en changeant ses vieilles méthodes», et ou donnait comme
raison de cette déraisonnable conduite leur excessif attachement à la
doctrine de Confucius. Mais en disant cela, la Revue se trompait:
car nos Quatre Classiques que les Européens ont traduits ne con-
tiennent que la doctrine telle qu'elle leur a été expliquée par
quelque lettré vulgaire, ou par quelque maître d'école de village;
en sorte que le journaliste anglais, ne connaissant pas la doctrine
de Confucius, est après tout assez excusable... En vérité, la doctrine de Confucius développe grandement la culture (intellectuelle
et morale) de ses adeptes; elle façonne et restreint Fortement leurs
mœurs au moyen des rites; elle prescrit de repasser les connaissances de l'antiquité tout en apprenant les choses nouvelles; elle aide
le ciel (et la terre) dans la production et le développement des
êtres et pénètre jusqu'au fond l'intime nature des choses. Quant au
gouvernement enseigné par Confucius, il se réduit à faire respecter
ceux qui sont dignes de respect et à faire aimer ses proches; il
enrichit d'abord le peuple, puis il s'occupe de son éducation; il
cultive les vertus propres au temps de la paix et fait des prépara-
tifs pour la guerre; il accomode enfin son enseignement aux besoins
du temps présent. En un mot, Confucius, par ses vertus, s'est joint
aux mille saints, il égale les cent rois, il forme une troisième puissance avec le Ciel et la Terre et coopère ainsi à la transformation
de toutes choses».

## IV.

Les deux principaux auteurs du coup d'Etat étaient l'impératrice
douairière et Jong Lou, dont Kang Yeou-wei, dans l'ouvrage que
nous avons déjà cité, fera le portrait suivant [10]):

«Jong Lou possède un cœur de traître et complote pour lui-
même de prendre le trône, Pendant un long temps, il n'a pas été

10) *North-China Herald*, 25 avril 1900.

meilleur que Tsa Tsa (250 ans après J.-C.) et il se sert de l'impératrice douairière comme d'une patte de chat pour poursuivre ses propres projets de trahison. Il ne craint ni les dieux ni les hommes. Il a publiquement détrôné l'empereur à la pleine lumière du jour. Il détruit cruellement le juste et le loyal. Cependant ce traître usurpateur s'en réfère au droit du *Tch'oun Ts'ieou* pour soutenir ses actes. C'est à cause de cela que, sans hésitation, nous l'appelons un voleur rebelle et que son assassinat serait tout à fait justifié. Combien plus encore depuis qu'il a usurpé le trône et emprisonné celui qui, volontairement, sacrifiait sa vie pour le salut de son pays?»

La vengeance de l'impératrice douairière n'était pas assouvie; il fallait d'abord faire reconnaître ses erreurs à l'empereur et désavouer son principal conseiller Kang Yeou-wei. La *Gazette de Peking* du 18 décembre enregistre cet aveu, arraché à sa faiblesse:

«Dans Notre recherche d'hommes de talent et capables, Nous Nous en sommes beaucoup rapporté à l'avis et à l'aide de Notre tuteur, Wêng T'ong-ho 翁同龢. Nous eûmes confiance en lui, naturellement. Quels ne furent pas depuis Nos pensées et l'excès de Notre indignation quand il fut prouvé que ce même Kang Yeou-wei cherchait secrètement à créer une révolution, à grouper autour de lui un parti d'hommes dégradés et égoïstes et Nous avait presque engouffrés déjà dans la révolution qu'il avait l'intention de déchaîner sur l'empire! Lui qui Nous avait presque chargé du crime d'impiété filiale vis-à-vis de l'impératrice douairière, ruinant Notre réputation et faisant de Nous une figure de mépris à montrer du doigt aux générations futures! Kang Yeou-wei a créé une faction dont le mot d'ordre était «Protéger et défendre la Chine», *non* protéger et défendre la dynastie impériale (Ta Ts'ing). Son intention, de plus, était d'inaugurer une république à la place de l'empire — pour avoir un président à la place d'un empereur. Mais, du moment où Nous eûmes vent de ces plans, Nous Nous hâtâmes de nous jeter

sous la protection de l'impératrice douairière et nous suppliâmes Sa
Majesté de venir à Notre secours et d'assumer les rênes du gouvernement à Notre place. Par ce moyen seulement, Nous réussissons
éventuellement à être sauf et à changer le danger pour la paix» [11]).

## V.

Mais l'impératrice n'est pas encore satisfaite; cet empereur qui
a osé la braver doit être châtié, il est désormais indigne de régner.
Grâce aux gazettes de Peking et aux commentaires qu'en donne leur
excellent traducteur dans le *North-China Herald*, nous pouvons
reconstituer ce nouvel acte de la tragédie.

La *Gazette* du 23 janvier 1900 ordonne à P'ou Wei 溥偉,
prince de Kong; aux princes Tsai Lien 載濂, Tsai Ying 載瀅
et Tsai Lan 載瀾 [12]); aux grands secrétaires, aux grands cham-
bellans, aux contrôleurs généraux de la maison impériale; aux
fonctionnaires du collège impérial des inscriptions; aux membres de
l'Académie Han lin et aux présidents mandchous et chinois des six
ministères de se préparer à une audience spéciale pour le lendemain.
Le grand secrétaire, Li Hong-tchang, qui a vent de la chose, est
le seul des grands mandarins de la capitale qui n'assiste pas à l'audience, il a eu soin de prendre à temps le bateau pour rejoindre
son poste à Canton.

La *Gazette* du 24 nous marque le cérémonial usité pour le couronnement d'un nouvel empereur:

«Ici Nous ordonnons que tous les princes, ducs et ministres de
la cour impériale soient revêtus de robes de cour le 26 courant;
on attend de chacun d'eux de présenter une paire de sceptres (*jou y*
如意) au trône».

---

11) *North-China Herald*, 4 avril 1900,
12) Tous les trois fils de Yi Tsoung, prince de Toun, cinquième fils de l'empereur
Tao Kouang.

Le traducteur commente cet ordre de la manière suivante:

«La cérémonie d'offrir des sceptres est observée seulement au couronnement d'un nouvel empereur et est considérée comme un signe d'allégeance au lieu d'un serment de fidélité comme dans les contrées occidentales. Les apologistes de l'impératrice douairière essayent tout ce qu'ils peuvent pour nier son intention de déposer l'empereur Kouang Siu et disent qu'elle désire seulement nommer un héritier présomptif, mais le décret ci-dessus apparaît en noir et blanc comme une claire réfutation. Car dans la loi chinoise la présentation des sceptres ne signifie pas autre chose que le signe d'allégeance à un nouvel empereur. Il est bien entendu, naturellement, que, même depuis le coup d'Etat de 1898, tous les décrets soi-disant «impériaux» ont toujours été publiés par l'impératrice douairière; Kouang Siu depuis ce temps ayant été considéré comme n'existant pas».

Enfin, on arrache au malheureux Kouang Siu son abdication, en lui faisant désigner un héritier présomptif au trône:

«Lorsque encore pendant notre enfance, Nous fûmes, par la grâce de l'empereur Toung Tchi choisi pour lui succéder dans les lourdes responsabilités comme chef de tout l'empire, et quand Sa Majesté mourut, Nous cherchâmes jour et nuit à mériter une telle bonté par Notre énergie et la fidélité dans Nos devoirs. Nous fûmes aussi redevable à l'impératrice douairière qui Nous enseigna assidûment et Nous chérit et Nous lui devons, aujourd'hui, Notre salut. Maintenant il doit être connu que lorsque Nous fûmes choisi pour le trône, il fut alors convenu que, si jamais Nous devions avoir un fils, ce fils serait proclamé héritier du trône. Mais même avant l'année dernière (1898) Nous avons été constamment malade et c'est pour cette raison que le huitième mois de cette année (septembre (1898), l'impératrice douairière accéda gracieusement à Nos prières instantes et prit en main les rênes du gouvernement à l'effet de Nous instruire de nos devoirs. Une année a passé maintenant et Nous Nous trouvons encore un invalide; mais, gardant toujours à Notre esprit qu'un héritier légal devrait être choisi pour le trône, par égard pour le salut de l'empire de nos ancêtres, Nous priâmes de nouveau l'impératrice douairière de choisir avec soin parmi les membres du clan impérial un prince vertueux et sobre pour Nous succéder, et cela elle l'a fait en la personne de P'ou Tch'un 溥 儁 , fils de Tsai Yi 載漪, prince de Touan, de second ordre».

Kouang Siu désigne son successeur:

• «Nous ordonnons ici que P'ou Tch'un, le fils de Tsai Yi, prince de Touan 端郡王, de second ordre, soit déclaré héritier de feu l'empereur Toung Tchi».

C'était un véritable suicide, si ce n'était la préparation d'un assassinat. C'était en d'autres mots, dit le traducteur, succéder à Toung Tchi comme empereur, tandis que Kouang Siu est considéré comme usurpateur du trône, son élection comme successeur de Toung Tchi étant soudainement découverte comme ayant été illégale, *après vingt-cinq ans!*

Enfin, un dernier décret marque bien la déchéance impériale:

« Nous ordonnons ici qu'au premier jour du nouvel an (31 janvier), le devoir qui nous incombait habituellement de sacrifier aux autels du Très-Haut, à la salle des Ancêtres impériaux et au temple de la Longévité impériale sera entrepris par le Ta A Ko (héritier présomptif P'ou Tch'un » [13]).

## VI.

Il est nécessaire maintenant d'entrer dans quelques détails sur la famille impériale pour comprendre la situation respective de l'empereur et de son héritier désigné, P'ou Tch'un, jeune prince de quinze ans. La dynastie mandchoue *Ta T'sing* 大清, qui

---

13) *Gazette* du 24 janvier 1900. — *North-China Herald*, 18 avril 1900.

règne sur l'empire du Milieu depuis 1644, a compris les empereurs suivants: Chouen Tchi 順治 (1644—1661), K'ang Hi 康熙 (1662—1722), Yong Tcheng 雍正 (1723—1735), K'ien Long 乾隆 (1736—1795), Kia K'ing 嘉慶 (1796—1820), Tao Kouang 道光 (1821—1850), Hien Foung 咸豐 (1851—1861), Toung Tchi 同治 (1862—1875), Kouang Siu 光緒 (1875—...). L'empereur Tao Kouang a eu neuf fils, désignés par le nom de Yi 奕, pour les distinguer des fils de Kia K'ing désignés par Mien 綿; le quatrième fils de Tao Kouang, Yi Tchou 奕詝, régna comme Hien Foung; il fut remplacé naturellement par son fils Tsai Tchoun (Tsai 載 étant le caractère désignant sa génération) qui monta sur le trône comme Toung Tchi.

Quand Toung Tchi mourut sans postérité, on choisit parmi les enfants de ses oncles celui qui pourrait lui succéder et le choix se porta sur le fils de Yi Houan 奕譞, prince de Tchouen 醇親王, Tsai Tien 載湉, par conséquent de la même génération que son prédécesseur Tsai Tchoun, né à Peking le 2 août 1872. C'est lui qui règne sous le nom de Kouang Siu; il a donc été très régulièrement nommé empereur. Ceux qui discutent la validité de son élection disent que Toung Tchi étant mort sans enfants, on devait rechercher son successeur, non pas dans la descendance de Tao Kouang, mais dans celle de ses frères, génération Mien, fils de l'empereur Kia K'ing, génération Yong 永. En effet, l'empereur K'ien Long avait décidé que sa postérité serait désignée, suivant chaque génération par les caractères Yong, Mien, Yi et Tsai.

L'empereur Tao Kouang ajouta les caractères P'ou 溥, Yü 毓, Heng 恒 et K'i 啟, et Hien Foung ceux de Tao 燾, K'ai 闓, Tseng 增 et K'i 祺.

Suivant la théorie des adversaires de Kouang Siu, il fallait chercher le véritable successeur de Toung Tchi, dans la descendance de Mien K'ai, 綿愷 prince de Toun K'io 惇恪親王, troisième

fils de l'empereur Kia K'ing et frère de l'empereur Tao Kouang;
Mien K'ai avait adopté son neveu, le cinquième fils de Tao Kouang,
Yi Tsoung 奕詝, prince de Toan 惇親王, dont le second fils,
Tsai Yi 載漪, adopté comme héritier du quatrième fils de Kia
K'ing, Mien Hien 綿忻, est le prince Touan, qui fait tant de bruit
aujourd'hui, et qui est le propre père de P'ou Tch'un, l'héritier
désigné du trône. Comme on vient de le voir, la génération *P'ou*
succède à la génération *Tsai*.

Yi-k'ouang 奕劻, prince K'ing 慶親王 de premier rang
(le prince Ching des Anglais) appartient à la famille impériale, mais
sa lignée remonte au delà de l'empereur Kia K'ing, à K'ien-long [14]).

Ces détails sont extrêmement arides, mais il est indispensable
de les donner pour faire comprendre le drame qui vient de se jouer
à Peking.

## VII.

Cependant l'impératrice rapportait tous les décrets, entre autres
celui qui créait un journal officiel; elle rétablissait le Wen tchang,
etc.; elle contremandait une grande revue de l'armée, ordonnée par
Kouang Siu, et pour se concilier les bonnes grâces des troupes,
elle donnait (29 septembre) «au général de division Nié Ché-tchen
聶士成 une récompense de 6,000 onces d'argent, au vice-
président Yuen Ché-kai une autre de de 4,000, à Tong Fou-siang
董福祥, enfin, une autre de 8,000 à distribuer: la première
somme parmi le corps d'armée Wou-i-Kiun 武毅軍, la seconde
parmi le corps d'armée Sin-Kien-lou-Kiun 新建陸軍, et la
troisième parmi le corps d'armée de la province du Kan-sou».

Les diplomates étrangers assistent avec une inconscience rare
aux graves événements qui se passent sous leurs yeux; ils permettent même à leurs femmes d'assister à une audience impériale et

---

14) Voir A. Vissière, *T'oung Pao*, Série II, Vol. I, p. 342—344.

l'on voit, le 13 décembre 1898, lady Macdonald, femme de sir Claude
Macdonald, représentant la reine d'Angleterre, à la tête des femmes
de sept ministres étrangers, aller saluer la souveraine qui vient de se
couvrir de crimes et qui se prépare à faire disparaître l'empereur.

Parlant de l'impératrice-douairière, Mrs. Conger, femme du Ministre des Etats-Unis, écrivait après cette audience: «Elle semble
gaie et heureuse; sa figure respirait la bonne volonté. On n'y aper-
cevait aucune trace de cruauté. Elle nous souhaita la bienvenue
en des paroles simples, mais ses gestes étaient plein de liberté et
de chaleur. Elle se leva et nous souhaita d'être bien. Elle tendit
les deux mains vers chaque dame, et disait, avec beaucoup d'empressement enthousiaste: «Une famille; toutes, une famille». Elle
était très cordiale, et lorsqu'on nous passa le thé elle s'avança et
trempa ses lèvres dans chaque tasse. Elle en prenait un peu, puis
levait la tasse de l'autre côté jusqu'à ses lèvres, et disait encore:
«Une famille; toutes, une famille». Cette excellente Mrs. Conger
devait apprendre bientôt ce que pensait véritablement l'impératrice
de sa «famille» et à connaître le traitement qu'elle lui réservait.

Le 8 mars 1900, l'impératrice donna un banquet aux dames des
légations dans la Salle du Trône des Cérémonies de la Cour.

Mais Kang Yeou-wei n'abandonne pas son maître; dans son
ouvrage, que nous citons encore, il crie à tout le monde les mauvais
traitements dont l'empereur est l'objet:

«Mettez Kouang Siu sur le trône et la Chine sera rajeunie.
Les souffrances que l'empereur a personnellement endurées parce
qu'il essaya de réformer le gouvernement et de sauver l'empire,
ont été terribles.

«1º Autrefois il était fort. Il est émacié maintenant et des doc-
teurs indigènes sont employés pour lui administrer des poisons.

«2º Il est confiné dans l'île de Yong t'ai, comme un vulgaire
félon, et il lui est interdit de voir qui que ce soit.

«3° Ses fonctionnaires loyaux ont tous été ou bannis ou exécutés.

«4° Ses pieds ont été brûlés avec des fers rouges.

«5° Quand il demande la moindre douceur, elle lui est refusée et on ne lui donne que le riz le plus grossier.

«6° Son épouse, même pendant la saison la plus dure, n'est autorisée à porter aucun vêtement chaud et doit se vêtir d'habits d'été.

«Ne sommes-nous pas enragés à la pensée de l'ignominie et de la peine auxquelles notre bon empereur est exposé? Ceux — l'impératrice douairière et Jong Lou — qui ont entassé toute cette misère sur lui sont des voleurs, des scélérats et des traîtres, et chacun est justifié de les assassiner, comme les Japonais, jadis, tuaient leurs généraux ambitieux, qui, inspirés par les mêmes motifs, agissaient de même» [15]).

La province murmure des tortures infligées à l'empereur; les vice-rois du sud de l'empire laissent entrevoir la possibilité d'un soulèvement général; l'impératrice entre dans une fureur qu'augmente encore l'empoisonnement de son favori, le grand eunuque; elle est prête à commettre tous les excès. Ses conseillers la poussent dans la voie de la réaction à outrance. Deux censeurs ne vont-ils pas jusqu'à lui conseiller de supprimer le Tsong-li Yamen, créé le 19 janvier 1861, et de le remplacer par le Li-fan Youen, bureau chargé des affaires de Mongolie et des Etats tributaires?...

L'attitude de l'armée est inquiétante; on en a confié le commandement au général Tong Fou-siang, notoirement connu par son hostilité contre les étrangers.

A la suite d'un mémoire de Yi-k'ouang, adressé à l'empereur, pour rendre compte de la revue qu'il avait passée de l'armée du Kan-sou, où il dit «qu'il a passé en revue toutes les troupes commandées par Tong Fou-siang, qu'il a trouvé tous les officiers

---

15) *North-China Herald*, 2 mai 1900.

et soldats également habiles et vigoureux, que les divers régiments et escadrons sont dans un ordre excellent, qu'ils sont très exercés dans les divers mouvements militaires et que le susdit général, ayant si bien discipliné ses troupes, et les ayant si bien exercées», il est ordonné par décret impérial du 11 novembre 1898, «que les objets suivants soient envoyés en cadeau au général Tong Fou-siang, à savoir: un tube à plumes de paon et un anneau digital, l'un et l'autre en pierre précieuse blanche, et une petite épée avec garde de la même matière; nous voulons par là lui manifester notre estime. De plus, nous ordonnons qu'une somme de 10.000 taëls, fournie par le ministère du cens, soit distribuée parmi les soldats, et que deux cents petits rouleaux de soie pour faire des habits soient également fournis par le même ministère et remis à Tong Fou-siang pour qu'il les distribue en cadeaux parmi les chefs de régiment et de compagnies. Enfin, nous ordonnons que les troupes commandées par le général Tong Fou-siang, après s'être reposées pendant quelques jours, aillent s'installer dans leurs campements respectifs; elles y continueront sérieusement leurs exercices militaires, afin de s'y perfectionner de plus en plus. Par là elles répondront aux excellents désirs de la cour pour la formation de l'armée» [16]).

Enfin, les ministres étrangers s'inquiètent; ils demandent des gardes. Le général Yuen, vice-roi par intérim du Tche-li, s'oppose à leur départ pour Peking. Le Tsong-li Yamen finit cependant par accorder l'autorisation nécessaire aux détachements étrangers d'entrer à Peking et d'occuper leurs légations. Le 1er octobre 1898, 66 soldats russes, dont 30 cosaques et 36 soldats d'infanterie de marine, avec deux pièces d'artillerie de campagne, 25 soldats anglais d'infanterie de marine et 30 soldats allemands. traversent la ville pour occuper leurs postes respectifs.

---

16) Tobar.

L'impératrice dissimule encore sa colère, mais il lui tarde d'agir. Ses conseillers dans la réaction et dans sa haine de l'étranger ne l'arrêteront pas dans sa faute suprême, *Quos vult perdere Jupiter . . .*; elle va faire appel aux sociétés secrètes qui troublent son empire et qui, si elles combattent l'étranger, menacent également son trône. En complotant la destruction des barbares d'Occident, elle déchaîne la tourmente qui a dû l'emporter elle-même à l'heure actuelle.

## VIII.

J'ai eu l'occasion de parler des nombreuses sociétés chinoises, il y a douze ans, dans la *Revue d'ethnographie*. Je me bornerai donc à dire que la principale des sociétés politiques est celle des Triades *San-ho-hoei* 三合會 ou du Ciel et de la Terre *T'ien-Ti-hoei* 天地會, qui a pour objet le renversement de la dynastie actuelle; elle a d'ailleurs failli réussir. Les fameux rebelles *T'aï P'ing* 太平 ou *T'hang Mao* 長毛賊 étaient d'origine triade et l'on sait quelle fut la rapidité des succès de leur chef Hong Siu-tsuen 洪秀全. Partis du Kouang-Si et du Kouang-Toung, les T'aï-ping remontèrent jusqu'au Kiang, s'emparèrent de Nanking en 1853, firent une pointe dans le Nord à travers le Ho-Nan jusqu'au Tche-li, se répandirent dans les riches provinces du Kiang-sou et du Tchékiang et ne furent définitivement écrasés qu'en 1864 (reprise de Nanking par Tseng Kouo-fan, 9 juillet 1864), grâce à l'appui donné aux troupes impériales chinoises par des contingents français et anglais Les T'aï-P'ing, refoulés du Kouang-Si dans le Tongking, y formèrent les Pavillons noirs et les Pavillons jaunes.

A cette société des Triades se rattachent presque toutes les sociétés secrètes dont on a parlé pendant le courant du siècle: la société du Nénuphar blanc, *Pei-lien-kiao* 白蓮教, dont les adhérents réussirent à occuper le palais impérial à Peking le 18 juillet 1813, sous l'empereur Kia K'ing; le *Ko Lao-Hoei* 哥老會, le

*Ta Tao-Hoei* (Grand Couteau), etc. L'association maintenant célèbre
des Boxeurs est l'appellation locale, dans le Chan-toung, du *Ta
Tao-Hoei* 大刀會. La mauvaise administration, le commerce
illégal de l'opium, la contrebande du sel, la destruction entière ou
partielle d'un millier de villages par le fleuve Jaune, au sud-ouest
du Chan-toung, ont été l'origine de l'association du Grand Couteau;
l'occupation de Kiao-tcheou par les Allemands a été le prétexte du
soulèvement des Boxeurs qui, du Chan-toung et de l'est du Tche-li,
menaçaient la Chine entière. M. E.-H. Parker, dans une lettre récente au *Times*, dit qu'un auteur chinois les fait remonter jusqu'à
la dynastie des Soung, détruits au treizième siècle par les Mongols,
et qu'antérieurement les souverains turcs et toungouses de Chine
jouaient au polo et assistaient à des concours de boxe.

## IX.

Depuis plusieurs années, il n'y a pas pour ainsi dire de province de Chine qui n'ait été troublée par des émeutes, causées soit
par la haine de l'étranger, soit par la famine ou tout autre motif.
L'une des plus tenaces a été celle de la préfecture de Kouo-Yang
dans le nord du Ngan-houeï; elle a été terminée en 1899 par la
prise de son grand chef Lieou «Ka-ta». Ka-ta est un surnom mar-
quant que le cou et la figure de cet homme étaient couverts de
boutons; le soi-disant roi de cette confédération rebelle, Niu Chi-
h'iu et ses fonctionnaires lui obéissaient. Niu a été décapité immédiatement. Le vieux Lieou Kouen-I [17]), vice-roi des deux Kiang,
avait eu toutes les peines du monde à réprimer cette révolte.

Au mois d'octobre 1899, à dix milles au nord-est de Si-Ngan

17) Lieou Kouen-I 劉坤一 — est né le 21 janvier 1830, dans le Hou-Nan; entra
dans l'armée en 1855, puis passa au civil, devint juge à Kouang-Si puis gouverneur (juin
1865) de cette province, gouverneur-général des deux Kouang (septembre 1875), des deux
Kiang (décembre 1879; disgracié en 1881, il fut réinstallé dans son poste le 22 novembre 1890.

fou, capitale du Chen-si, on tentait un nouveau soulèvement du *Ko Lao-Hoei.*

Enfin, dans une lettre d'un correspondant du nord du Chan-toung, le *North-China Herald* du 4 décembre 1899 marque qu'au commencement de la huitième lune on annonce un soulèvement de la société du Grand Couteau, appelée dans la région *I Ho k'iuén* 義合拳, «Poing de l'harmonie publique», ou «Lutteurs pour la justice et la concorde» qui a pour devise sur son pavillon: «Protéger la dynastie, exterminer les étrangers» 護清滅洋 *Hóu Tsing, mié Yang.* Le 15 huitième lune était fixé pour l'attaque et sur la demande du consul de Tien-Tsin, des troupes avaient été envoyées par le gouverneur du Chan-Toung et le gouverneur gé-néral du Tche-Li; néanmoins des familles chrétiennes, surtout pro-testantes, avaient été pillées à Ping-Youen. Le correspondant ajoutait à la fin de sa lettre fort longue:

«Rien ne semble maintenant plus certain que les autorités chinoises ne peuvent ou ne voulent pas *gouverner* cette province, pour ne pas parler de celles qui sont voisines; s'il y a quelques gouvernements étrangers, allemand ou autres, en position d'étendre leurs «sphères d'influence» au Chan-Toung, le changement sera accueilli avec joie par une grande partie de la population indigène et *en masse* par les étrangers aujourd'hui nombreux».

Quelle est l'origine de ces Boxeurs:

Le Père Ignace Mangin, S. J., qui a été depuis leur victime dans le Tche-li Sud-Est, écrit: [18])

«Le docteur Lao Ngai-Siuen, sous préfet de Wou-Kiao, a écrit une brochure sur les Boxeurs. Il y dit ceci:

«La secte des *I-ho-kiuen* n'est qu'une branche de la société des *Pai-lien-kiao* (*Nénuphar blanc*); les noms dont ils se servent, les incantations qu'ils récitent les rangent parmi les *Sié-kiao* (sectes

18) *Etudes publiées par des Pères de la Compagnie de Jésus,* 5 août 1900, p. 866.

hétérodoxes). Quoique dès le règne de Kia-k'ing ils aient été pour-
suivis et punis, ils se sont perpetués dans plusieurs districts du
Chan-toung et du Tche-Li; peu à peu leur audace s'est accrue.
L'année dernière (1898), ils se sont déclarés les adversaires du
christianisme. Les populations se sont laissé séduire, oubliant que
la descente des esprits et la récitation de charmes magiques sont
des preuves de la perversité de la secte. Elle a été proscrite sous
Kia-k'ing. A cette époque, les religions du *Maître du ciel* (catholique)
et de *Jésus* (protestante) étaient peu répandues; la secte n'a donc
pas pour origine la haine du christianisme. Son vrai but est la
rébellion; les multitudes ignorantes s'y sont trompées».

Il est très-probable que sans l'appui du gouvernement impérial,
ces «Boxeurs» auraient été facilement réduits comme les autres
membres des sociétés secrètes dont ils se distinguaient par leurs
pratiques magiques, qui les rendaient, disaient-ils, invulnérables:

«Le 2 octobre, jour de marché à Song-Menn, bourg à trente
lis ouest de King-Tchéou, les sectaires procédèrent à l'installation
solennelle d'un *tchang-tzeu* (arène-centre) et annoncèrent pour le
marché suivant (25), des exercices d'invulnérabilité.

Ce jour-là, des milliers de curieux se trouvèrent réunis à Song-
Menn, désireux de jouir du spectacle promis; ils furent déçus, les
exercices furent remis au 30; la foule n'y fut que plus nombreuse
et plus avide. Le chef désigné d'avance et ses deux disciples se
mirent à genoux devant les tablettes où sont inscrits les noms des
esprits protecteurs de la secte; ils firent maintes prostrations, brû-
lèrent maints bâtons d'encens, récitèrent force prières et incantations,
l'esprit ne descendait pas. Enfin, vers quatre heures après-midi, le
chef se releva soudain: ses traits étaient changés, il était semblable
à un homme possédé par une puissance irrésistible. Les deux disciples se levèrent aussi, chargèrent le fusil; le maître, dépouillé
d'une partie de ses vêtements, mit sa poitrine à nu; un coup de

feu retentit, et l'on vit le malheureux tomber à genoux, puis s'étendre de tout son long. Le coup tiré à bout portant lui avait fait une large et profonde plaie. Vite ses compagnons l'enveloppent dans une couverture et l'emportent tout sanglant: il ne tarde pas à expirer» [19]).

«Les Boxeurs, ayant ainsi raté leur tour d'escamoteurs, accusèrent les chrétiens d'avoir méchamment assassiné un de leurs chefs. Et il en résulta un peu plus de pillages, d'incendies et de massacre»

«L'accusation généralement lancée par les Boxeurs contre les chrétiens est d' «empoisonner les puits». (D'où l'on peut conclure que l'humanité manque décidément d'imagination, puisque tel est — partout et en tout temps — le prétexte de persécutions religieuses.) Un pharmacien chinois d'Ou-k'iao profita de ces bruits d'empoisonnement pour inventer et vendre un contre-poison. Sa boutique ne désemplissait pas» [20]).

Un correspondant du *London and China Telegraph*, Aug. 29, 1900, écrit à sujet:

« Premièrement, ils [les Boxeurs] sont supposés ou être tombés des cieux, ou être devenus «Boxeurs». Apres un stage d'épreuve durant, je crois trois mois ou quelque quatre-vingt dix jours, ils sont supposés être invulnérables aux balles, quoi que quelques centaines ont déja succombé parmi ceux sur lesquels ont tiré les troupes étrangères et autres. Cependant ils ont sous la main une explication toute préte: Si un homme est tué pendant la période de noviciat, c'est-à-dire, avant qu'il n'ait accompli les quatre-vingt dix jours, on dit qu'il n'est qu'à moitié un «Boxeur». A proprement parler, il n'est pas qualifié et n'a pas atteint le degré d'invulnérabilité. D'un autre côté, s'il était devenu complétement emplumé et que néanmoins il avait été tué, on affirme sérieusement qu'il n'est pas

---

19) *Etudes*, p. 375.

20) *Le Temps*, 16 août 1900.

mort réellement, et que dans peu de jours, il revivra encore une fois et sera prêt à se battre de nouveau.

«Un incident arriva tout à fait récemment à bord d'un vaisseau qui a des officiers européens et est attaché au service des Douanes: deux marins que nous observions avec intention étudiaient deux étoiles. Quand nous les interrogeâmes sur ce qu'ils faisaient, ils répondirent sérieusement que: «*That largee star have got six piecee 'Boxer' man allo same inside, and smallo star have got two piecee man. Just now come downside*» [21]).

«Telle était leur idée qu'ils tombaient des cieux!

«Il est difficile de dire dans quelle proportion les troupes du Nord de la Chine étaient pénétrées de l'idée des Boxeurs avant la révolte, mais il est couramment rapporté que le pourcentage était de 25 à 50 pour cent. Il paraîtrait que certainement, elles devaient être de leur côté. Il a été curieux aussi de noter combien les serviteurs des Européens étaient convaincus des Boxeurs envoyés du Ciel. Pendant qu'ils servaient encore, et dans quelques cas s'étaient attachés à leurs maîtres, pendant les troubles quand ils devinrent actifs, ils vous disaient ouvertement qu'ils croyaient aux «Boxeurs». L'extension qu'a prise cette croyance est vraiment extraordinaire.

«Ce que j'ai mentionné n'explique pas toute leur étrange croyance, mais est suffisant pour montrer de quelles vues ils sont imbus».

Les gouverneurs du Chan Toung, Yu-H'ien tout le premier, s'étaient montrés tout d'abord fort hostiles aux étrangers; l'assassinat d'un missionnaire protestant allait attirer l'attention de la Légation d'Angleterre; le Rév. S. M. W. Brooks, allant de T'aian à Ping Yin, fut assassiné le 30 décembre 1899, à Tchang-Kia tien, village à 80 lis à l'ouest de Fei tch'êng. Les assassins furent jugés le 28 Février et les jours suivants à Tsi-nan fou, devant le juge provincial

---

21) Je n'ai pas cru devoir détruire par une traduction la saveur de cette phrase en *pidgin english*.

du Chan Toung et Mr. C. W. Campbell, du service consulaire anglais, envoyé exprès de Chang Haï. Mr. Campbell avait comme secrétaires le collègue de Brooks, Mr. Henry Mathews et Mr. Couling, de l'English Baptist Mission, du Chan Toung. Sept individus étaient plus ou moins impliqués dans l'affaire; Mêng Kouang-wên était le principal accusé. Trois furent condamnés à être décapités, (l'un fut exécuté le 16 Mars 1900 en présence de M. Campbell) un est étranglé, un est emprisonné pour la vie, un est condamné à dix ans d'emprisonnement, un à deux ans de bannissement, une indemnité de 9000 taëls devait être payée et une chapelle être érigée à la mémoire de Brooks, à Ping Yin, lieu de sa résidence.

D'autre part, des missionnaires américains de Pang tchouang adressaient une plainte contre les fonctionnaires suivants à cause de la protection qu'ils accordaient aux Boxeurs: Yü H'ien, ancien gouverneur du Chan Toung, Tchi, taotai dans le Chan Toung occidental, Tchêng se, fonctionnaire de Ping youen.

Les représentations des étrangers ne pouvaient rester indéfiniment sans être écoutées; en Octobre 1899, les Boxeurs avaient été battus par les troupes impériales; l'arrivée de Yuen Che-k'ai détermina leur exode. En 1898, ils avaient ravagé la sous-préfecture de Wei hien et fait leur première apparition dans la préfecture de Ho-Kien fou au printemps de 1899. Au commencement de cette année, ils remontent dans le Tche li sud-est, où ils se livrent aux massacres et aux pillages qui nous sont connus.

Suivant l'usage, des pamphlets sont lancés dans la circulation:

«Les quatre faces et les huit horizons deviennent des théâtres de guerre. Vous qui avez de bons destins, montez rapidement vers le rivage; d'un coup de main vous arriverez dans la patrie. Immortel venant de l'Occident, de la montagne du Chaos, de la caverne de l'Arc-en-Ciel doré, mon nom est Tao, mon prénom est Ts'ing-tsin (Tranquillité); je viens de la part de T'ai-kong-lao-tsou (fondateur de la dynastie des Tchen, 1200 avant Jésus-Christ), pour avertir les hommes de bien de cette pagode, afin qu'ils propagent partout cet écrit, qui exhorte les peuples à suivre les I-ho-k'iuen. Formez vite des soldats, car treize royaumes étrangers vont venir pour attaquer le Céleste-Empire: la Chine sera profondément troublée; il y aura des soldats massés comme une montagne, des généraux immenses comme l'Océan; il y aura des montagnes d'ossements, le sang coulera comme des fleuves; c'est pourquoi que tous, sans distinction de sexe et d'âge, s'adonnent aux exercices divins pour apprendre l'art des génies immortels, pour échapper au péril de la guerre et éviter cette grande catastrophe. Ce trouble durera pendant trente ans, puis régnera la paix. Bientôt plus de soixante-dix royaumes nous envahiront comme un flot. Bon peuple, prenez une prompte résolution afin que nous leur opposions des armées.

«Les Européens sèment des poisons dans les puits, dans les fleuves, dans les mers, dans les céréales, sur les marchés; seuls, les gens bien exercés à l'art divin peuvent en éviter le venin. Ce sont les indigènes gagnés par les diables d'Occident qui répandent ces poisons; ce qu'ils n'achètent pas sur les marchés est empoisonné. Prenez-y garde!

«Tous ces détails nous les avons appris du génie immortel. Ceux qui sont initiés comprendront mes paroles.»

«*Pamphlet affiché dans le Ho-kien-hien.* — Les chrétiens troublent l'univers, s'app··· sur les Européens; ils se montrent arrogants, insultent les gens simples, oppriment la dynastie des T'sing, méprisent les relations sacrées en supprimant la doctrine des saints. Leurs chefs construisent leurs hautes églises sur les ruines de nos saintes pagodes; ils trompent les ignorants, nuisent à la jeunesse, arrachent le cœur et les yeux pour en composer des philtres; ils empoisonnent les puits. Un lettré, ne pouvant tolérer ces erreurs, alla en ville pour les dénoncer; mais, hélas! le mandarin, vénal, corrompu par l'argent, le traita cruellement, de sorte que le bon peuple, ne sachant que devenir, d'un commun accord voulut apprendre la boxe. L'esprit Tchang-tien-chen a informé Yu houang de cet état de choses. Yu-houang, dans sa colère, envoie une troupe de dieux qui, descendant du ciel, vient aider le peuple à détruire les chrétiens. Il en est temps: que les diables d'Occident meurent. Les I-ho-k'iuen sont dans une cloche d'or, de sorte qu'ils ne craignent ni le glaive, ni la hache; ils peuvent se garantir des fusils et des canons.

«Peuples, levez-vous; n'ayez qu'un cœur et qu'une âme pour tuer les diables d'Occident et détruire la religion chrétienne!

«Depuis l'antiquité, on distingue les Chinois de l'Empire du Milieu et les barbares étrangers; actuellement les peuples sont pêle-mêle; à qui appartient l'empire? Confucius et Meng tseu ne cessent de pleurer, et leurs larmes inondent leurs poitrines!» [21]

Quelques fonctionnaires protestent timidement:

Le sous-préfet de Wou-K'iao, homme prudent et sage, fit répandre cette réponse anonyme:

«I-ho-k'iuen, qui êtes cachés dans une cloche d'or, vous violez la loi, vous vous écartez du droit sentier. Je vous exhorte à ne pas ressembler à des insensés, car l'invincible armée est proche en avant; ce sont des fusils perfectionnés. En arrière, il y a des canons aux projectiles puissants. Quand vous serez attaqués, vos ancêtres et vos maîtres seront impuissants à vous secourir; alors les incantations seront sans effet. Quand ces malheurs fondront sur vous, il sera trop tard pour vous repentir. Repentez-vous au plus tôt, ne vous entêtez pas».

22) *Etudes*, p. 390—1.

Le sous-préfet de Hien-hien alla jusqu'à la proclamation publique. Il s'exprimait ainsi:

«Les I-ho-k'iuen, par les doctrines perverses, trompent les foules; ils disent: « Ceux qui s'exercent dans notre art, le fusil, le glaive, le couteau, ne sauraient leur nuire». Ainsi, le peuple ignorant est trompé par eux. Ou réunit des bandes nombreuses, on occasionne des troubles, on blesse beaucoup de monde. Peuples et notables, exhortez-vous mutuellement à ne pas vous affilier à cette secte, ainsi vous pourrez conserver votre vie et celle de votre famille: la vie est le bien le plus précieux. S'il y a des sectaires qui cherchent à vous séduire, il faut prendre ces pervers, les lier et me les amener [23]).

Décembre 1899».

Le vice-roi du Tche-li, Yü Lou, cherche dans un décret à calmer les esprits: «Chrétiens et non-chrétiens sont tous des sujets chinois, et la cour les traite avec une égale bienveillance. C'est pourquoi les non-chrétiens ne doivent pas pour vexer les chrétiens, susciter des affaires. Les chrétiens ne doivent pas non plus chercher des prétextes pour insulter les non-chrétiens; beaucoup moins doivent-ils par des rapports mensongers exciter les missionnaires à prendre leur défense, afin d'obtenir gain de cause sous leur protection».

Ce mouvement des Boxeurs qui s'étend du Chan Toung au Tche li, et à la Mandchourie ne dépasse pas ces provinces, malgré les émissaires envoyés dans la vallée du Kiang. Les autres mouvements dans le Ngan houei, le Hou nan, le Yun nan, sont indépendants, mais il est certain que sans l'énergie des étrangers, toutes ces rébellions partielles se seraient terminées par une rébellion générale, dont l'Empire entier aurait été le théâtre.

## X.

On ne saurait douter de la connivence de la cour avec les Boxeurs

---

23) *Etudes*, p. 392.

en lisant ces lignes du correspondant indigène de Peking du *North-China Herald* insérées dans le numéro du 16 mai 1900 de ce journal:

« Laissant de côté ce sujet quelque peu déplaisant, j'en viens à un autre qui devrait être sérieusement pris en considération par les lecteurs étrangers de votre journal, car c'est une question qui les concerne tous et peut arriver à chaque instant. C'est une inimitié avouée des conservateurs contre tous les étrangers, excepté, peut-être, les Russes. J'écris en toute sincérité et sérieusement pour vous informer qu'il y a un grand plan secret, ayant pour but d'écraser tous les étrangers en Chine et leur arracher de force tous les territoires qui leur ont été loués à bail. Les chefs principaux de ce mouvement sont l'impératrice douairière, le prince K'ing, le prince T'ouan (le père de l'héritier présomptif), Kang Yi 剛毅, Tchao Chou-k'iao et Li Ping-hêng 李秉衡 [24]). Les forces qui seront em-

---

[24] Le fameux Li Ping-hêng vient de marquer son retour à Peking par l'exécution de Siu King-tch'eng et de Yuen Tch'ang, tous les deux membres du Tsong-li-Yamen. Il est originaire de la province de Fêng-Tien (Mandchourie) et son premier poste important a été celui de commissaire financier du Kouang-Si en juillet 1885; il combattait contre nous à Lang S'on; mais sa notoriété date de son gouvernement du Chan-Toung, époque à laquelle les missionnaires allemands Nies et Henle furent assassinés (1er novembre 1897); l'Allemagne demanda sa déposition et il fut remplacé par Yü H'ien, qui ne vaut pas mieux que lui. Li passe pour être honnête, mais poussé au dernier degré l'esprit réactionnaire et la haine de l'étranger; un rhumatisme chronique dans les jambes peut lui servir du prétexte dont a souvent besoin un fonctionnaire chinois pour ne pas se rendre aux appels qui lui sont adressés de la capitale. Ses principaux amis, qu'il recommanda chaudement à l'impératrice à la fin de 1899, sont Yü-H'ien, Mandchou, son propre successeur au Chan-Toung, Si Liang, également Mandchou, trésorier de la province de Hou-Nan, Liang T'ing-fên, Chinois de Canton, membre de l'Académie des Han Lin, Wan T'in-siang, des Bannières chinoises (*Han kiun*), censeur. Li avait attiré l'attention de l'impératrice douairière comme haut commissaire de la Mandchourie méridionale; il allait être nommé gouverneur du Chan-Si à la place de Hou P'in-tchi, révoqué à cause de ses dépenses exagérées, lorsque le chargé d'affaires d'Angleterre, Mr. Bax Ironside, opposa son *veto*. On le désigna pour le Se Tchouen à la place de Liéou Ping-tchang, mais l'opposition des Allemands le fit encore écarter de ce poste qui fut donné à Yü Lou. Que faire du personnage? Un conseiller à la cour? Mais c'était susciter une influence déplaisante pour le prince K'ing et Jong Lou d'une part, pour Kang Yi d'une autre. Il fallait l'éloigner à tout prix. N'était-il pas utile à ce moment même de vérifier si les vice-rois Tchang Tche-tong et Liéou Kouen-I avaient solidement assuré la défense du Kiang contre l'étranger. Il irait porter sur le Yang-Tsé,

ployées pour arriver à cette fin sont toutes mandchoues, par exemple:
la Force de la Plaine de Peking (50,000 hommes) sous le prince
K'iug; le corps Hou Cheng 虎勝 ou les «Tigres glorifiés» (10,000
hommes) sous le prince Touan; et les divers corps des Bannières
des gardes impériales (12,000 hommes) sous Kang Yi et autres.
Ces 72,000 hommes doivent former le nœud de l'«Armée des Vengeurs»,
tandis que les Boxeurs sont comptés comme auxiliaires dans cette
grande lutte qui est plus imminente que les étrangers à Peking ou
ailleurs ne peuvent se l'imaginer. Tous les Chinois des classes élevées
savent cela, et ceux qui comptent des étrangers parmi leurs amis les
ont prévenus, mais, à ma connaissance, on s'est moqué d'eux plutôt
que de les remercier de leur anxiété au sujet de leurs amis d'Occident».

Ce même correspondant ajoute:

«Je donnerai maintenant seulement deux exemples pour montrer

---

comme Yü H'ien dans le Chan-Si, le message de guerre contre le Barbare d'Occident.
L'impératrice s'empare avec empressement de cette idée et, en novembre 1899, elle bom-
barde Li haut commissaire du Yang-Tsé. Ce titre lui donnait le rang des vice-rois des
provinces dont il était complètement indépendant et sa juridiction s'étendait sur les cours
d'eau des cinq provinces de Kiang-Sou, Kiang-Si, Ngan-Houei, Hou-Nan et Hou-Pé; il
avait même le droit de condamner à mort dans l'armée sans en référer aux vice-rois;
il était responsable de ses actes à l'empereur seul. Il paraît que tel pouvoir n'avait été
accordé qu'une fois depuis l'avénement des Mandchous: P'êng Yü-lin, né en 1824 à
Hêng-Yang, dans le Hou-Nan, avait été le secrétaire de son compatriote, le grand Tsêng
Kouo-fan, et se distingua pendant la guerre des T'aï Ping; aussi fut-il chargé de la défense du grand fleuve; il était connu sous le sobriquet populaire de l'amiral à Tête de fer.
Peng était en outre, ce que n'est pas Li, commandant en chef des forces navales des cinq
provinces; ce poste est occupé par Houang Tchan-k'ioun. Arrivé par terre le 27 mars
1900 à Wou-Tchang, capitale du Hou-Pé, au grand ennui du vice-roi Tchang Tche-tong,
il met en émoi la vallée du Yang-Tse, dont il voudrait drainer les troupes et les entrainer
à sa suite vers le nord le long du canal impérial. Véritable accusateur public, il dénonce
au trône le maréchal Sou pour nous avoir donné Kouang-Tchéou ouan, le Mandchou Yü
Tch'ang, gouverneur du Ho-Nan, frère de Yü Lou, vice-roi du Tche-Li, et Tch'ang Tch'oun,
Mongol, Inspecteur général de l'armée du Nord. Il est à son tour dénoncé par Li Hong-
tchang, qui s'en mordit les doigts. Resté sourd à deux appels, Li Ping-hêng se décide à
retourner à Peking, où l'impératrice le nomme général en second sous Jong Lou; il épure
le Tsong-li Yamen et se prépare à arrêter la marche des armées alliées. Il paraîtrait s'être
suicidé après la bataille de Peï Tsang.

la grande faveur dont jouissent les Boxeurs aux yeux des pouvoirs qui
sont à Peking. En premier un censeur nommé Wang, natif du Tche-Li,
fut reçu dernièrement en audience par l'impératrice douairière; arrivée
au sujet des Boxeurs, celle-ci dit au censeur: «Vous êtes originaire de
«cette province et devez ainsi savoir. Que pensez-vous des Boxeurs du
«Tche-Li? Croyez-vous réellement que, lorsque le moment d'action sera
«arrivé, ils se joindront réellement aux troupes pour combattre les
«diables étrangers»? — Je suis certain de cela, Votre Majesté. De plus,
les principes appris aux membres de cette société sont «protéger
jusqu'à la mort la dynastie céleste (*Tien Tch'aò* 天朝) et mort
aux diables (*Kouei-tseu* 鬼子)». Pour la part de votre serviteur,
je crois si profondément à la destinée de cette société d'écraser les
«diables» que, jeunes et vieux de la famille de votre serviteur
pratiquent maintenant les incantations des Boxeurs, chacun de nous
s'étant joint à cette société pour «protéger la dynastie céleste et
jeter «les diables» à la mer. Si j'avais le pouvoir qu'on m'a donné,
je conduirais volontiers les Boxeurs dans l'avant-garde de l'armée
vengeresse quand le temps serait venu et avant ce temps, je ferais
tout ce que je pourrais pour les aider à s'organiser et à s'armer.»

«L'impératrice douairière approuva de la tête et, après avoir
ruminé dans son esprit, s'écria: «Oui! c'est une grande société. Mais
je suis effrayée que, n'ayant justement pas maintenant d'hommes
expérimentés à leur tête, ces Boxeurs agiront précipitamment et
mettront le gouvernement dans l'embarras avec ces *Yang kouei tseu*
avant que tout soit prêt.» Alors, après une courte pause: «C'est
cela. Ces Boxeurs doivent avoir quelques hommes reponsables au
Tche-Li et au Chan-Toung pour guider leur conduite.» Et l'audience
prit fin. Le matin suivant, un décret parut [25]), nommant ce censeur,
Wang, gouverneur de Peking. C'est-à-dire un fonctionnaire de sixième

25) Wang Pei-yu a été effet promu au poste de gouverneur de Peking, à la place de
Ho Nai-ying. (*Gazette de Peking*, 13 mars 1900).

grade fut, par un trait de plume, élevé à un poste métropolitain
de quatrième grade, — un sous-préfet à la charge d'un juge provincial! Wang aura par là l'occasion qu'il souhaite, principa-
lement d'organiser, d'aviser et d'armer ses amis les Boxeurs.

«Le second exemple que je donne est pour montrer sous quel
jour sont considérés les étrangers en ce moment; depuis le massacre
de Tien-tsin en 1870, tous les fonctionnaires — excepté les plus
fervents parmi les conservateurs — avaient proscrit le terme «yang
kouei tsen 洋鬼子» (diable étranger); des hommes même reçu-
rent des coups de bambou lorsque les fonctionnaires les entendaient.
Eh bien, non seulement nous voyons que ce terme est le cri de
guerre des Boxeurs, mais qu'il a même reçu une sanction officielle
des lèvres de l'impératrice douairière elle-même.

«Quant à Jong-Lou, il est resté tranquille très longtemps et
l'on croit qu'il a décidé de rester près de l'empereur si quelque
chose arrivait par suite des machinations des princes K'ing et
Touan, Kang Yi et Tchao Chou-k'iao à Peking et Li Ping-heng
dans les provinces. De plus, il est du fond du cœur un ami des
Anglais. Cela je le sais. Il n'y a pas longtemps, à une session du
grand conseil, lorsque la question des demandes de l'Italie et de
la France de territoires dans le Sud fut discutée, Jong Lou seul
donna le conseil au gouvernement de se mettre sous la protection
de la Grande-Bretagne, démontrant que les Etats-Unis et le Japon
aideraient la Grande-Bretagne si la Russie et la France menaçaient
de représailles. Mais il fut dominé par le prince K'ing, le prince
Touan, Kang Yi et Tchao Chou-k'iao. «Car, dit Kang Yi, nous
avons des comptes à régler avec la Grande-Bretagne pour le pil-
lage du palais de Youen-ming-Youen, avec le Japon pour la prise
de Formose, et avec les Etats-Unis qui traitent les Chinois qui y
vont et aux Philippines, pas mieux que des chiens. Contre la
Russie, nous n'avons rien. D'autant que, si la France aide la

Russie, quoique nous ayons de profondes haines contre la France, nous ne serions que par cela même plus forts. Je décide de rester dans la plus intime amitié avec la Russie, car avec elle pour nous, nous pouvons défier le monde. Seulement, avec la Russie pour nous, la Grande-Bretagne se tiendra courbée à l'écart». Ces sentiments ayant été unanimement approuvés par le reste du conseil, y compris l'impératrice douairière qui approuvait de la tête vigoureusement, Jong Lou devint silencieux et ne dit plus rien».

D'ailleurs les *houei* 會, sociétés, étant illégale, la *I Ho k'iuen houei*, sur le conseil de l'Impératrice, pour ne pas être confondue avec la *Tu Tao Houei*, la Société du Grand Couteau, se transforme en *I Ho K'iuen T'ouan* 義合拳團 (volontaires ou milice).

On aura une idée de la haine inspirée par les étrangers par ce fait rapporté par un correspondant du *North-China Herald* (20 juin 1900) qu'un décret promulgué à Peking annonçait qu'aux prochains examens littéraires, les auteurs des essais devaient s'abstenir de se servir de certains caractères. Parmi les caractères proscrits se trouvaient 英, 俄, 法, 意, 美 et 日 employés comme équivalents chinois de l'Angleterre, la Russie, la France, l'Italie, l'Amérique et le Japon. Aucun essai renfermant l'un de ces caractères ne serait reçu.

## XI.

Il est certain que l'Impératrice eut un moment d'hésitation avant de pousser plus loin sa vengeance. Les nouvelles de la province et de l'étranger étaient mauvaises; les protestations contre les mauvais traitements dont l'empereur était l'objet, affluaient à la Cour. Le préfet King Lien-chan, directeur des Télégraphes impériaux chinois, envoyait le 26 Janvier 1900 le télégramme suivant signé de lui et de 1231 résidents indigènes de Chang-Haï:

«Quand nous avons reçu l'édit du 24 Courant, dans lequel

l'Empereur propose d'abdiquer à cause de maladie, nous fûmes stupéfaits, et les mandarins, la noblesse et les négociants de toutes provinces résidant à Chang Haï devinrent pleins d'anxiété et discutèrent la chose partout dans les rues. Cependant, nous vous télégraphions pour vous prier d'être loyaux et fidèles et en faveur de la nation d'implorer l'Empereur de ne pas songer à abdiquer, quoiqu'il puisse être malade, de façon que l'Impératrice Douairière dans son âge avancé, n'ait pas le fardeau supplémentaire de gouverner un Empire désolé, et qu'ainsi les esprits de nos ancêtres puissent être en repos et le peuple vivre en paix».

12ème Lune 26e jour.

King Lien-chan fut obligé de fuir à Macao pour échapper aux conséquences de son acte de courage. Li Hong-tchang, alors gouverneur général de Canton, réclama des autorités portugaises de Macao son extradition sous prétexte de détournement au préjudice de l'administration des télégraphes chinois de Chang Haï. King fut arrêté le 25 février 1900.

Le 4 Mars 1900, 80,000 chinois de Bangkok, adressaient à leur tour une protestation au Trône.

Dans la visite du vieux Lieou Kouen-I, gouverneur général des deux Kiang à Peking, celui-ci, à l'audience (Avril 1900) de l'Impératrice Douairière, lui fit entrevoir la possibilité d'un soulèvement du Sud.

## XII.

Cependant, les étrangers sont avertis du danger qui les menace; ils se contentent de hausser les épaules. Les missionnaires plus expérimentés voyaient venir le danger; un père jésuite du Tche-Li me faisait part de ses craintes dès le mois de décembre.

Nouvelle Cassandre, le correspondant de Tien-Tsin du *Hong-Kong Telegraph* écrivait le 15 mai:

«L'impératrice douairière et tous ses favoris (les Boxeurs) les appuient ouvertement, car ils croient que leur aide leur sera d'un grand secours quand le mouvement commencera. Ils attendent seulement que le plan soit mûr, ou quelque «jour heureux» pour commencer les opérations. Aucune note n'a été prise de tout ceci par les Légations, et le prophète de malheur est tourné en ridicule, mais la force de la Grande-Bretagne est entièrement dédaignée à Peking, et l'on suppose les Anglais, trop lourdement occupés dans le sud de l'Afrique pour compter d'une façon sérieuse».

Les mauvais présages ne manqueront pas non plus. Au mois de mars, deux parhélies avaient paru dans le Hou-Pé et les sages n'avaient eu garde de dire, faisant allusion à Peking, que le «Ciel n'a pas deux soleils».

Enfin, le 20 mai, des placards sont affichés sur les murs de la capitale, annonçant le massacre des étrangers pour le premier jour de la cinquième lune. Les membres du corps diplomatique se décident le 21 mai à adresser au Tsong-li Yamen une note collective reproduite dans les journaux. De nouveau, des gardes étrangères sont appelées à Peking, trop faibles pour les masses qui se préparent à assaillir les Européens.

Et comme le coup de tonnerre éclata à Tien-Tsin le 21 juin 1870, Peking allait voir fondre sur sa colonie étrangère la plus épouvantable catastrophe qui ait marqué sa trace sanglante dans l'histoire des relations des peuples d'Occident avec ceux de l'Extrême-Orient. Comme à Tien-Tsin en 1870, les avertissements n'avaient nullement manqué à Peking en 1900; une fois de plus, le présent n'avait pas su tirer leçon du passé.

IMPRIMERIE ci-devant E. J. BRILL, LEIDE.